NOS, QUE SABEMOS

JOSÉ MARTÍN GÓMEZ

NOS,
QUE SABEMOS

EL TEATRO MODERNO, nº 15
ESPUELA DE PLATA • SEVILLA

Teatro moderno

Directora:

Esther Lázaro

Un jurado compuesto por Luis Méndez Rodríguez,
Marta Palenque Sánchez , Marta Carrasco Benítez
Mercedes de Pablos Candón y Christina Linares
del Castillo-Valero, declaró ganadora del XXIX
Certamen de Letras Hispánicas Rafael de Cózar en
su modalidad de teatro a la obra *Nos, que sabemos* de
José Martín Gómez

Centro de Iniciativas Culturales de la Universidad de Sevilla

www.editorialrenacimiento.com
POLÍGONO NAVE EXPO, 17 • 41907 VALENCINA DE LA CONCEPCIÓN (SEVILLA)
tel.: (+34) 955998232 • editorial@editorialrenacimiento.com
LIBRERÍA RENACIMIENTO S.L.

Diseño de cubierta: Equipo Renacimiento,
sobre la obra *Study After Velázquez's Portrait of Pope Innocent X*, 1953,
de Francis Bacon. Des Moines Art Center

Este libro se ha impreso utilizando papel procedente de una gestión
forestal sostenible y una tinta que no contiene metales pesados, todo
ello aplicando buenas prácticas para la sostenibilidad editorial.

DEPÓSITO LEGAL: SE 1640-2024 • ISBN: 978-84-19877-29-1
Impreso en España • Printed in Spain

ACTO ÚNICO

UN SOBRIO despacho compuesto por una mesa con abundantes documentos bien ordenados a un lado y otro. Ante él, un hombre mayor, vestido con impecable sotana blanca, que pronto identificamos como el PAPA. Tras este, una estantería repleta de libros religiosos y filosóficos. La figura aparece muy concentrada en una carta que está escribiendo a mano. Las voces que se oyen, pertenecientes a dos personajes fuera de escena, aparentemente no le distraen).

SECRETARIO.—¡Eminencia!, es un placer saludarle. El Santo Padre le está esperando. Si es tan amable, tome asiento, le anunciaré vuestra llegada.

VISITANTE.—Gracias, Monseñor. Si no os importa, ¿podríais pedir que me trajeran un vaso de agua fresca? La mañana es ya calurosa en las calles de Roma...

SECRETARIO.—Por supuesto, Eminencia, faltaría. ¿Os apetece algo más?, ¿tal vez algo de comer?, las hermanas han preparado unos dulces estupendos.

VISITANTE.—No, no, gracias. El agua será suficiente.

SECRETARIO.—Enseguida se la traen.

VISITANTE.—Gracias.

(Unos segundos después, hace su entrada en escena el
SECRETARIO. *Unos golpes en la puerta [que oímos fuera*
de plano] le preceden).

SECRETARIO.—Con vuestro permiso, Santidad.

PAPA.—¿Qué ocurre, Monseñor?

SECRETARIO.—Ha llegado Su Eminencia, Santo Padre.
¿Le hago pasar?

PAPA.—Dadme un par de minutos. Termino y enseguida estoy con él. Ofrecedle algún refrigerio entretanto,
¿queréis?

SECRETARIO.—Ya estoy en ello, Santidad. ¿Espero entonces vuestra llamada?

PAPA.—No, contad siete minutos de reloj y lo hacéis pasar directamente.

(El intervalo de tiempo [reducido] transcurre con la
sola imagen del pontífice en tanto escribe. Al cabo, las
voces externas retornan):

SECRETARIO.—Eminencia, cuando gustéis.

VISITANTE.—¡Ah!, gracias.

(Golpes en la puerta –fuera de plano–. Sin esperar respuesta, el SECRETARIO y el VISITANTE –este primero– entran en escena. El SECRETARIO ocupa un lugar esquinado. Adopta una posición de reposo, las manos cruzadas por delante)

VISITANTE.—*(Acercándose al PAPA –que se ha levantado para recibirle– hasta estar a un metro de él, momento en que cae de rodillas)* ¡Santo Padre!, vuestra bendición.

PAPA.—¡¿Mi bendición, Eminencia?! ¡Y un carajo!

VISITANTE.—Pero…

PAPA.—¡Silencio! ¡¿Mi bendición?! ¿Acaso cree su Eminencia que le hecho venir para darle mi bendición?

VISITANTE.—Santo Padre, yo…

PAPA.—Sí, eso mismo, Vos. Vos sois ahora el mayor de mis problemas.

(Sorprendido, el SECRETARIO ha dejado entretanto su posición relajada. Un primer ademán de sorpresa ha sido seguido por un acercamiento, inconscientemente protector, hacia la figura del Pontífice. El PAPA se dirige a él)

PAPA.—Dejadnos solos, Monseñor. No os voy a necesitar.

SECRETARIO.—¿Estáis seguro, Santo Padre? (*La mirada del Pontífice es suficientemente clara e intimidatoria*). Por supuesto, Santidad; estaré atento, no obstante, por si me requerís.

(*En cuanto se produce la salida del* SECRETARIO, *el* PAPA *se dirige de nuevo al* VISITANTE)

PAPA.—¿A qué jugáis?

VISITANTE.—Santo Padre…

PAPA.—¡Santo Padre, Santo Padre!, ¡dejad de esconderos detrás de ese aparente respeto! Se acabaron los santos padres y las eminencias, Eduardo, aquí estamos tú y yo. Te pregunto otra vez, ¿a qué juegas?

VISITANTE.—No acabo de entender a qué os referís exactamente.

(*Parece que el Pontífice fuese a replicar al* VISITANTE *con extrema dureza, en la línea creciente que ha tenido su enfado conforme iniciaba el diálogo; no obstante, en lugar de ello, tal que si se arrepintiera en última instancia, cambia el tono, en tanto relaja el gesto.*)

PAPA.—¿Recuerdas aquellos días de estudiante, cuando nos escapábamos para ir de tabernas?

VISITANTE.—¿Cómo olvidarlo?

PAPA.—¿Y recuerdas cuán claras teníamos las cosas?

VISITANTE.—La juventud tiene ese defecto, todo lo ve con claridad, no hay nubarrones, ni esa niebla espesa que acaba instalándose después.

PAPA.—Parece que tú aún no has salido de aquella nitidez soñada. Ha de ser por eso que actúas como un joven alocado, como si todo lo que has vivido no te hubiese manchado. ¿No lo ves?

VISITANTE.—Entiendo que en vuestra posición todo debe valorarse con sumo cuidado, y siempre a través del prisma del poder, pero eso no significa que los demás seamos irresponsables como apuntáis.

PAPA.—Antes te preguntaba a qué estabas jugando. Elegí bien el verbo, juegas, desde la ligereza que te proporciona la distancia a Roma, a la Curia, crees que tus acciones no comprometen al resto de la Iglesia. Peor aún, si entiendes que sí, y tu intención es precisamente esa; la irresponsabilidad quedaría corta como definición de tus acciones. Dime, pues, ¿estás jugando, o es que pretendes joderme?

VISITANTE.—Si os referís al documento, lo único que intenta es ayudar.

PAPA.—¿Ayudar?, ¿ayudar a quién?, ¿ayudar a qué? Solo os ha faltado titularlo como encíclica; al menos así, la condición herética habría facilitado las cosas. No, lo que habéis plasmado, lo que tú has impulsado no tiene intención de ayudar, sino de demoler. ¡Y vais a retractaros!, ¡¿me oyes?! ¡Vais a retractaros públicamente!

VISITANTE.—¿Qué es lo que tanto os inquieta de la propuesta?

(El PAPA se dirige al escritorio, toma de allí unas cuartillas. Esgrimiéndolas en alto, prosigue su intervención).

PAPA.—Fin del celibato para quienes profesan el sacerdocio, acceso de las mujeres en pie de igualdad a tal condición, reducción del patrimonio eclesiástico para atender las necesidades de los más pobres, rechazo frontal a la ocultación cómplice de los casos de pederastia y abusos dentro de la Iglesia… ¿Qué más iniciativas destructoras querríais introducir para que rechacemos frontalmente esa *Nova Ecclessia,* tal como la denomináis? ¿La invalidez de los Sacramentos? ¿La falsedad de la condición virginal de María? *(Deposita de manera violenta los papeles en la mesa).*

VISITANTE.—*(Santiguándose)* Santo Padre, por favor…

Papa.—Te he dicho que nada de santo padre; ¿qué?, ¿te parecen disparatadas mis palabras?

Visitante.—Nosotros no atentamos contra ningún dogma de la Iglesia, solo proponemos cambios para adaptarla a un tiempo diferente. Por salvarla, por hacerla viable en este mundo esencialmente distinto de aquel en que fue alumbrada.

Papa.—La Iglesia, Eduardo, no solo ha resistido a los cambios y transformaciones de la historia, ha logrado extenderse, ampliar su influencia. No necesita salvadores iluminados. Antes al contrario, vuestra insurrección causa un daño que será difícil reparar.

Visitante.—¿Me permitís que argumente en favor de cuanto alegamos?

Papa.—Procura ser original. Si crees que no he oído ya esas mismas ideas a unos y otros serías un iluso. Y no, no lo eres.

Visitante.—Ya que me lo pedís, mi primer argumento es Paula...

Papa.—¡Eso es un golpe bajo!

Visitante.—¿Golpe bajo, decís?

PAPA.—No puedes recurrir a lo personal para defender una idea genérica. Además, te aprovechas de nuestra amistad, de tu conocimiento sobre mi persona.

VISITANTE.—¿Y cómo obviarlo? Debo hacer uso de cuanto ha conformado mi criterio. Creedme, muchas veces he reflexionado sobre vuestro propio ejemplo. Mi conclusión es que fue un inútil desgarro; aquel amor por Paula no tenía por qué interferir en vuestra labor episcopal. Ese es el quid de la cuestión, ¿qué aporta la condición de célibe a una mejor defensa del evangelio?

PAPA.—¿Y tú me lo preguntas? ¿Acaso no recuerdas?

VISITANTE.—¿A qué os referís?

PAPA.—La pulsión, Eduardo, la pulsión me alejaba de mis tareas pastorales. Ejercía como obispo, pero mi pensamiento la buscaba siempre.

VISITANTE.—Vuestra labor no se resintió, antes al contrario, se comenzó a hablar de vuestro nombramiento como cardenal, ¡ya tan joven!

PAPA.—El conflicto interior estaba ahí. Aunque desde fuera no pudiera verse, estaba ahí, y me reconcomía, lo sabes.

Visitante.—La desazón no procedía de vuestro amor por Paula, ni de un imaginario conflicto entre él y vuestros quehaceres, sino de la lucha entre razón y norma. Era el propio dilema impuesto, de ahí que me haya servido para llegar a la conclusión que os traslado. Eliminad la norma y se disolverá la disyuntiva, y con ella el remordimiento. ¿Acaso no lo veis?

Papa.—Sigo viéndote, más que joven, inmaduro. El nudo gordiano de la cuestión no está en demostrar que el celibato no nos hace mejores apóstoles. Tu argumentación ha sido original; es más, francamente no me lo esperaba…

Visitante.—Ni yo pretendía…

Papa.—No, no, está bien. Nuestra biografía no deja de ser la historia de nuestra construcción. Y tienes razón, Paula ha sido…, sigue siendo pieza fundamental en mi arquitectura. Aún te reconoceré más, continúo planteándome la duda… dolorosa de si no ha perjudicado más mi tarea esa herida que no cesa de sangrar de cuanto pudiera haberlo hecho aquel amor escondido. No digo ya si hubiera podido estar a la luz.

Visitante.—Coincidís conmigo, pues.

PAPA.—No me escuchas, Eduardo, no me escuchas. Esa es una cuestión menor. Los convencimientos personales no tienen importancia. Es la Iglesia, amigo mío, la Iglesia. No sé si aciertas a entender la entidad de la que estoy hablando.

VISITANTE.—Eso no puede preguntármelo, no a mí. Vuestra posición os da, sin duda, una visión más general y al mismo tiempo más profunda, es cierto, pero no menospreciéis el conocimiento de los demás. Abundo: tal vez haya rincones a los que vos no podéis llegar y que, por el contrario, están abiertos a otros ojos.

PAPA.—¿Qué rincones son esos? ¿Aquellos en los que se confabula contra el Vaticano? No ves que, permíteme la broma fácil, he sido cocinero antes que fraile.

VISITANTE.—De eso hace ya mucho tiempo, el aroma de los fogones queda lejos. Además, las cosas cambian ahora a gran velocidad. ¿Quién os iba a decir que vuestros mensajes podrían llegar al instante a millones de personas en todo el planeta?

PAPA.—También el de nuestros detractores, Eduardo, también el de nuestros detractores. En realidad, no sé qué efecto tendrá sobre la Iglesia semejante herramienta. Ayuda a difundir nuestro mensaje, sí, pero también aquellos que son contrarios al evangelio. Parece como si la eterna lucha entre el bien y el mal hubiera encontrado otro campo de batalla. Y esta vez se trata de un campo que abarca a la Humanidad en su conjunto *(estas últimas palabras las pronuncia el* PAPA *con un claro tono pesimista).*

VISITANTE.—Más a favor de cuanto proponemos, Santidad; ese nuevo campo requiere también de nuevas estrategias de mensajes capaces de renovar la fe, de hacerla más fuerte.

PAPA.—Esa será lucha para mi sucesor. Aún no es el momento.

VISITANTE.—Lo sospechaba, sospechaba que, en el fondo, estáis de acuerdo con todo aquello que propugnamos. La huella de Paula aún debe ser visible en vuestro corazón.

PAPA.—Más que huella, amigo mío, cicatriz.

VISITANTE.—Precisamente, a eso me refiero, un hombre que ha amado como vos, que ha renunciado a ese amor por una absurda imposición que tal vez tuvo sentido en otro tiempo, conoce mejor que nadie cuanto daño inútil conlleva tal sacrificio.

PAPA.—Pero tú sigues sin querer oír, sin querer entender. No podemos abolir el celibato de un plumazo. Ni siquiera yo, aunque estuviera de acuerdo con ello, tal como tú aventuras, tendría la fuerza suficiente para cambiar la inercia de siglos y los intereses que la empujan aún hoy.

VISITANTE.—Sois el Pontífice. Solo la cobardía puede paralizaros…

PAPA.—¡Te exijo respeto, Eduardo!

VISITANTE.—Perdonadme si os he ofendido, no era mi intención.

PAPA.—Es muy fácil catalogar de cobardía la decisión tomada por otro. En este caso solo demuestra vuestra incapacidad para juzgarla con suficiente conocimiento de causa.

VISITANTE.—Tenéis razón, no puedo calificaros de cobarde porque os conozco y sé hasta dónde podéis llegar en la pelea. Reconduzco. Creo que si no escucháis a vuestro convencimiento erráis en el camino a seguir.

PAPA.—El convencimiento es solo un ingrediente de la decisión. Y no siempre el más importante.

VISITANTE.—Estaréis conmigo, en cualquier caso, en que es un ingrediente esencial.

PAPA.—Parecería lógico, ¿verdad? Ocurre que en ocasiones se ve relegado al simple papel de condimento. Es nuestro caso. Otras cuestiones pesan mucho más que nuestro pequeño egocentrismo. En coherencia, yo diría que hasta tienes que alegrarte porque valore tanto la expresión colectiva por encima de la individual. ¿No se acerca eso a tus tesis?

VISITANTE.—Los malabarismos con las palabras construyen sofismas, no verdades. Decidir contra la propia convicción conduce a la hipocresía.

PAPA.—Y sin embargo el más hábil con las palabras siempre fuiste tú. Es más, continúas siéndolo. Baste una simple muestra. *(El PAPA toma los papeles que antes depositó sobre la mesa. Se levanta, camina con ellos en la mano hasta situarse justo detrás del VISITANTE y lee).* «Todos los textos sagrados, la propia esencia de nuestra fe apuntan al amor como principio y fin de todo. No puede, desde la conciencia católica, prohibirse la práctica de lo que constituye nuestra piedra angular. No puede prohibirse el amor en ninguna de sus formas». Confieso que me conmueve. Y, en efecto, no debe prohibirse el amor en ninguna de sus formas. No hay razón alguna para ello.

VISITANTE.—¿Razón, decís?

PAPA.—No hay un solo mandamiento que no tenga detrás alguna motivación mundana, eres consciente.

VISITANTE.—¿Entonces?

PAPA.—La Iglesia no prohíbe el amor, sino la expresión de la sexualidad desordenada.

VISITANTE.—¿Os escucháis? ¿Aquellas relaciones con Paula eran eso que llamáis sexualidad desordenada? Ahora soy yo quien os pide que no ofendáis mi inteligencia con manidas excusas. Si queréis establecer una distinción entre el sexo y el amor, es fácil. Para practicar el primero no es necesario el segundo. Pero el amor de que hablamos, el amor entre dos seres que se atraen no puede separarse de su expresión sexual. Ese amor impele a la caricia, al beso, al goce mutuo como forma de entrega y recepción. Si algo se asemeja a la comunión es ese momento de unidad de los cuerpos y de los espíritus. Esa plenitud no puede ser abominada.

PAPA.—Nos no lo hacemos, la Iglesia no lo hace. La institución matrimonial es la prueba.

VISITANTE.—No fornicarás, ¡no fornicarás!, llevamos siglos diciendo a los fieles que si lo hacen caerán en el pecado de la lujuria, que la lujuria les aleja de Dios. Les decimos que el amor les aleja de Dios…

Papa.—Nada obstaculiza las relaciones carnales si se realizan dentro del matrimonio, dentro de la unión bendecida por Dios.

Visitante.—Está más cerca de Dios quien coita con amor que quien bendecido como decís lo practica como forma de dominación, de egoísta desahogo.

Papa.—¿Lo ves?, ¿ves cómo te ciega la soberbia?, ¿Cómo estableces doctrina por sobre la doctrina? Destrozas el sacramento del matrimonio al tiempo que afirmas que no atentáis contra ningún dogma. Te contradices.

Visitante.—La verdadera contradicción es la que se entabla entre aquel «ama a tu prójimo como a ti mismo» y ese poner trabas a la relación limpia entre los seres humanos.

Papa.—¿Limpia, dices?

Visitante.—Si, limpia. Lo sabéis.

Papa.—La limpieza semeja un cristal que separa dos miradas, dos perspectivas; debe ser transparente desde ambas caras, de lo contrario, si algún ojo encuentra una mancha de su lado, la pulcritud se diluye y adquiere el rostro desagradable de lo sucio. Tuya es la visión pura, pero no olvides que del otro lado hay otras formas de percibir...

VISITANTE.—Querréis decir de distorsionar.

PAPA.—A los efectos es lo mismo. Intencional o no, la corrupción de lo real es compartida y toma cuerpo como convicción. Desde ese mismo momento, determina.

VISITANTE.—Mejor decid que condiciona, siempre queda la voluntad de quien en última instancia decide.

PAPA.—Solo te lo afirmaré una vez más. Soy el Sumo Pontífice de la Iglesia y, sin embargo, no puedo limpiar todas las cristaleras. La voluntad que invocas no basta.

VISITANTE.—Aun así, os pregunto, ¿la tenéis?

PAPA.—*(La voz del pontífice muestra en este punto un enorme cansancio, un hastío)* Tal vez la tuve… Créeme, no lo recuerdo. *(Se produce un silencio, ambos hombres parecen profundamente encerrados en sus propios pensamientos. Es el* PAPA *quien rompe el impasse)* ¿Te apetece comer algo?

VISITANTE.—Por qué no…

(El PAPA *se dirige a su mesa, toma una campanilla y la hace sonar. No tarda mucho en aparecer el* SECRETARIO*).*

SECRETARIO.—Santidad.

26

PAPA.—Su Eminencia y yo necesitaríamos algo de comer para poder continuar nuestra conversación. ¿Os importaría encargaros? Decidles a las hermanas que no es necesario nada especial, más bien al contrario, cuanto más frugal, mejor. ¿No os parece, Eminencia?

VISITANTE.—Dialéctica y glotonería nunca casaron bien, Santidad.

PAPA.—Sea pues, tomaremos algo ligero y aquí mismo, sin formalidades. Gracias, Monseñor.

SECRETARIO.—Santidad.

(De nuevo a solas, la conversación se reanuda, pero ha variado el contenido y el tono).

PAPA.—Y dime, Eduardo, ¿cómo están vuestros padres?, ¿y vuestro hermano?, ¿Sigue en su vicaría?

VISITANTE.—Mis padres están bien, Santidad. Muy mayores, pero bien. En cuanto a mi hermano, no sabría qué deciros. La última vez que hablamos lo encontré preocupado, pero tampoco quiso decirme qué le ocurría. Tengo pendiente visitarle. No me dejó muy tranquilo.

PAPA.—Siento oír eso. En cualquier caso, dales a todos mis recuerdos y mi bendición. Tienes una familia extraordinaria.

VISITANTE.—Gracias, Santidad, seguro que les emocionarán vuestras palabras cuando se las traslade.

PAPA.—Añoro la tierra, Eduardo. Conforme avanzo en este caminar de mi vida, más claro veo lo feliz que fui allá. No puedo negar que saber que nunca volveré a pisarla me acongoja. Hay instantes, fugaces como meteoros, en los que decido dejarlo todo y retornar, refugiarme. Enseguida se impone de nuevo la cordura; al menos, eso creo, la cordura..., lo que me condena a continuar.

VISITANTE.—Pero, Santidad... (*No tiene tiempo de continuar. Los golpes en la puerta interrumpen su frase*).

SECRETARIO.—(*Entrando*). Santo Padre, el almuerzo. (*Basta un gesto de complacencia del PAPA para que el SECRETARIO dé las instrucciones pertinentes*). Hermanas, pasen; ahí, (*señalando una mesa redonda que ha permanecido discreta en un rincón*) sobre la mesa. Así. Una silla más para Su Eminencia.

(*El PAPA y el VISITANTE se sientan, el primero de ellos ayudado por el SECRETARIO que le maneja la silla*).

PAPA.—Gracias, Monseñor; gracias, hermanas. Pueden retirarse. Hermana Teresa, ¿le importaría a usted quedarse para echarnos una mano?

(La hermana, una joven de singular belleza, enrojece, y mira, alternativamente a la que parece su superiora y al SECRETARIO. No hay, no puede haberla, objeción a la petición del Pontífice. Con gesto que evidencia su contrariedad, el SECRETARIO ordena la salida de las hermanas; con una última mirada hacia la escena que deja atrás, él mismo sale también).

PAPA.—Hermana, acercad una silla y sentaos con nosotros.

HERMANA TERESA.—¡Santo Padre! Yo no…

PAPA.—No iréis a incumplir vuestro voto de obediencia, ¿verdad?

HERMANA TERESA.—¡No, Santidad!, pero estoy aquí para serviros.

(El rostro del VISITANTE ha pasado de una expresión de sorpresa inicial a otra más cercana a la socarronería).

PAPA.—¿Y qué es servir, hermana, sino obedecer?

VISITANTE.—*(Levantándose para coger una silla y acercándola a la hermana):* Haced caso a Su Santidad, hermana, al fin y al cabo, los apóstoles compartieron la mesa con Nuestro Señor Jesucristo. Bien podéis vos hacerlo con su representante en la Tierra.

(La hermana, visiblemente nerviosa, toma asiento).

PAPA.—Hermana, ¿qué edad tenéis?, si no es inoportuna la pregunta.

HERMANA TERESA.—Veintiséis, Santidad.

PAPA.—¡Quién los pillara! ¿Eh, Eduardo?

VISITANTE.—El tiempo solo tiene una dirección, así ha sido creada la realidad, inscrita en ese fluir.

PAPA.—El ser humano tiene la capacidad de soñar, para remontar esa corriente y construir, aun de manera efímera una ilusión frente al tiempo.

VISITANTE.—¡Una ilusión!, cierto.

PAPA.—La realidad también incluye lo soñado, porque los anhelos forman parte de nosotros mismos y nos hacen actuar de una determinada manera. Actuar construye realidad.

VISITANTE.—Sabéis distinguir entre ilusión y realidad, por más que os empeñéis en vincularlas. La Hermana Teresa, su edad, su juventud, son realidad; nuestros anhelos solo quimeras. Por cierto, Hermana Teresa, ¿qué opináis del papel de la mujer en la Iglesia?

HERMANA TERESA.—Eminencia…

VISITANTE.—Es una sencilla pregunta, hermana, contestadla, por favor.

HERMANA TERESA.—Yo no soy muy letrada, Eminencia, pero sí creo que una mujer puede servir al Señor como cualquier hombre.

VISITANTE.—¿Deberían entonces poder ser sacerdotisas?, ¿Consagrar la eucaristía, perdonar los pecados mediante la confesión?

HERMANA TERESA.—No veo qué lo impediría si la Iglesia decidiera permitirlo. Aunque no conozco en profundidad la doctrina, hasta donde sé, nuestro Señor no prohibió que las mujeres oficiaran.

PAPA.—Pero no eligió a ninguna mujer para ejercer el apostolado.

HERMANA TERESA.—Santo Padre, perdóneme, pero creo que yo tal vez debiera…

VISITANTE.—Su Santidad no va a asustarse por escuchar la palabra que proviene de la sencillez y la inocencia, hermana. Más bien, creo que lo necesita. ¿No es así, Santidad?

PAPA.—Hermana, exprese con libertad sus pensamientos. Esta es una comida entre dos viejos amigos y en ella, la palabra de una joven es como el agua fresca. No nos privéis de ella. Entiendo que se sienta extraña, tal vez incluso confundida, pero no se equivoque, al fin y a la postre, Eduardo y yo mismo, no somos sino dos hombres más entre millones que son, millones que fueron y millones que serán.

HERMANA TERESA.—Ya que os empeñáis, Santidad, Eminencia, opino que la Iglesia necesita un cambio, modernizarse, ir con los tiempos. Las viejas enseñanzas y tradiciones que mantienen a las mujeres en un segundo plano no pueden sostenerse. Así la gente joven difícilmente se acercará a la vocación religiosa. Cuando anuncié a mis amigas que profesaría como monja, el gesto fue unánime, y la expresión, entre sorprendida e incrédula, común, ¿monja?

VISITANTE.—¿Oís, Santidad?, ¿oís?

Papa.—¿De verdad pensáis que lo que separa a la juventud de la Iglesia es eso, el papel de las mujeres en su seno?

Hermana Teresa.—No solo eso, Santo Padre, pero también eso. La juventud necesita hoy una Iglesia comprometida con valores que, en el fondo, ya estaban en el mensaje de Nuestro Señor Jesucristo.

(En tanto transcurre la conversación, el Papa y el Visitante comen y beben vino que se han servido de una jarra de barro. La Hermana Teresa, azorada, no prueba bocado).

Papa.—Eso está bien, hermana, pero comed, de lo contrario, Eduardo y yo nos sentiremos cohibidos. Os sirvo un poco de vino.

Hermana Teresa.—Santo Padre…

Papa.—Ninguna objeción, Teresa, permitidme, hermana, que os llame por vuestro nombre; un nombre hermoso, además, el de una santa española sobresaliente. Una extraordinaria mujer.

Visitante.—Ahora que mencionáis a Santa Teresa, y utilizando su figura como ejemplo de otras muchas –podríais haber mencionado a Teresa de Calcuta, igualmente–, ¿no pensáis que aquella mujer hubiera sido mejor ministro del Señor que cuantos sí lo eran en su época?

PAPA.—Probablemente, pero nunca propuso que las mujeres pudieran oficiar.

VISITANTE.—Estamos hablando del siglo XVI, con la Inquisición vigilando cada uno de sus pasos, ¡bastante hizo a pesar de cuantos elementos tenía en contra! No cesó de exigir plena autonomía de las mujeres en lo referente a la gestión de sus conventos.

PAPA.—No se me escapan las circunstancias históricas, Eduardo, tampoco cómo ella las enfrentó. Lo cierto es que, en ningún escrito, siquiera fuere una carta, alude al sacerdocio de las mujeres.

(La HERMANA TERESA, en este breve coloquio, prueba los alimentos y el vino en tanto sigue con atención la conversación).

VISITANTE.—En cualquier caso, santidad, con seguridad va a ser la falta de vocaciones la que empuje a la Iglesia a aceptar el sacerdocio de mujeres y de personas casadas.

PAPA.—Si utilizas esa argumentación es porque en el terreno de la doctrina no encuentras resquicio, Eduardo, ¿te das cuenta? Esa es la debilidad de tu posición.

Visitante.—Lo cierto es que no me preocupa esa dialéctica teológica, sino el resultado real, práctico, y al tiempo que criticáis mis fundamentos, no dejáis de reconocer que tal va a llegar.

Hermana Teresa.—Si me disculpan...

Papa.—Hermana, ¿de nuevo pretendéis dejarnos?

Hermana Teresa.—No, no, Santo Padre, quería decirles que este debate que mantienen no tiene sentido.

Papa.—¿Y eso?

Hermana Teresa.—Vos, Santidad, no vais a consentir ninguna de esas situaciones, sea por lo que fuere, por convicción o por inercia. Vos, Eminencia, no tenéis capacidad para torcer esa dinámica. Así que todo lo que están haciendo aquí no son sino juegos florales. Las mujeres, Santidad, Eminencia, ya ejercen el sacerdocio allá donde no llega un cura; lo mismo ocurre con las personas casadas. Y lo cierto es que la Iglesia mira para otro lado, porque no hay valentía ni inteligencia para enfrentar la cuestión y solventarla.

(El discurso de la Hermana Teresa sorprende a los hombres, también a ella misma, que lo inicia con aparente gran seguridad para terminar casi con temor en

sus palabras pese a la convicción. Los labios trémulos ya al final dan paso a un sollozar contenido).

PAPA.—Vamos, hermana, ¿qué ocurre?

VISITANTE.—Dijimos que hablara en confianza, no hay motivo para el temor.

HERMANA TERESA.—*(Recuperando poco a poco la entereza, desde los leves sollozos iniciales)* Perdón, perdónenme, no era mi intención romper a llorar. Pero este tema del papel de la mujer me hiere de forma especial. ¿Es casualidad que me hayan pedido quedarme o es que lo saben?

(Los gestos de asombro y la mirada entre ambos demuestran la sorpresa de los dos hombres).

PAPA.—No sé a qué se refiere, hermana, ¿qué es eso que podríamos saber?

HERMANA TERESA.—¿Es pues casualidad?

VISITANTE.—Eso, o la providencia.

(El PAPA lo mira enojado).

PAPA.—¡Eduardo…!

VISITANTE.—Perdón, lo lamento, Santidad; hermana, discúlpeme.

HERMANA TERESA.—*(Levantándose de la mesa y retirándose unos pasos antes de hablar)* Mi nombre completo es Teresa Anglada Pena. ¿Ahora sí les suena?

VISITANTE.—Espere. ¿Es usted la Teresa Anglada del caso Salvino?

(La HERMANA TERESA, baja la cabeza y concentra su mirada en el suelo, es señal de aceptación).

PAPA.—¡Hermana! No sé qué decirle, aquello nos avergonzó a todos. Si le sirve, le pido perdón en nombre de la Iglesia.

(Esas palabras tienen un efecto de zamarreo sobre la hermana, que levanta su mirada, ahora cargada de ira. Ambos hombres, ya en pie, la soportan).

HERMANA TERESA.—Tenían razón para avergonzarse, la tienen aún. ¿Dónde está Salvino? ¿Ha pagado por su crimen?

PAPA.—El obispo fue destituido, vive recluido en una casa de oración, apartado del sacerdocio activo.

HERMANA TERESA.—¿Y?... No sé si lo saben, pero la violación es un delito, ¡un delito!, se paga con la cárcel, excepto, al parecer, si eres un jerarca de la Iglesia.

VISITANTE.—La entiendo, hermana, es más, estoy de acuerdo con lo que dice, pero déjeme que le haga una pregunta, ¿cómo es posible que continúe en su congregación? Incluso, ¿cómo sigue en el seno de la Iglesia?

HERMANA TERESA.—Mi fe está por encima de un delincuente y de quienes lo encubren. Mi rabia primera me empujaba a renegar de una iglesia que no solo no me había protegido, sino que me abandonaba después. Pero mi comunidad vino a ayudarme, las mujeres sí me entendieron; aún debe conservar Su Santidad las cartas que mi anterior superiora le dirigió, las que nunca fueron contestadas.

VISITANTE.—¿Es eso cierto, Santidad?

PAPA.—El obispo Salvino fue destituido, vive en una casa de oración, apartado del sacerdocio activo, ¿qué diferencia hay entre eso y una cárcel?

VISITANTE.—Los miembros de la Iglesia también han de responder ante la justicia de los hombres. La vía disciplinaria interna no es suficiente.

PAPA.—Eso que dices justicia de los hombres es una maquinaria lenta y pesada. Nosotros apartamos a Salvino de inmediato, cumple su pena, ¿para qué añadir un daño a la Iglesia? Máxime cuando no es responsable de los actos individuales.

VISITANTE.—¿Y ella?

HERMANA TERESA.—Las víctimas son molestas, porque recuerdan el delito, no el pecado, el pecado se perdona; el delito, no. ¿Dónde queda el principio esencial de la justicia y la reparación? Creí que pidió que me quedara porque me había reconocido y quizás querría comunicarme que, tal como les demandó mi superiora, iban a llevar al obispo ante los jueces. Vuelvo a ser una ilusa, Santidad. Con su permiso, quisiera retirarme.

PAPA.—Se lo ruego, hermana, quédese. Necesito que entienda mis razones.

HERMANA TERESA.—¿Sus razones, Santidad? ¿Sus razones para qué?, ¿para no acatar las leyes? Su Santidad no puede imaginar lo que se siente al ser golpeada, reducida hasta no poder reaccionar, ser penetrada a la fuerza mientras el agresor, alguien en quien confiaba porque era un pastor de la Iglesia, y gime, ¡Dios mío!, ¡oh, Dios mío! mientras eyacula en mi cuerpo. ¡Era mi templo!, ¡¿lo entiende?!, ¡Mi templo!

VISITANTE.—La ira del Señor solo se desató porque mancillaron el templo, ¿cómo no entenderla?

HERMANA TERESA.—Eso no es más que literatura, Eminencia, al dolor de cada embestida de aquel violador yo reaccionaba con una pregunta, ¿dónde estás, Dios mío?, ¿por qué no me ayudas?, ¿por qué no fulminas a esta bestia con un rayo justiciero?, ¿cómo puedes asistir a este crimen en silencio? No vi la ira del Señor contra el criminal, solo sentí la mía, que subía como la lava de una erupción. Estaba sola. Y hoy, aquí, ante hombres que podrían buscar justicia, sigo estando sola. No, usted no me entiende ni puede hacerlo tampoco Su Santidad. Vuelvo a pedirle permiso para marchar con mis hermanas, solo en ellas encuentro al dios que aquel día no me escuchó.

VISITANTE.—¡Hermana...!, ¡por favor!

PAPA.—¡Teresa!

(Desoyendo los llamamientos de los hombres, la monja se retira, no sin antes dirigir una postrera mirada a los dos hombres, se intuye en ella una profunda decepción. Un silencio espeso se apodera de la escena, el PAPA y el VISITANTE rumian su culpa, sus remordimientos. Los golpes en la puerta cortan el impasse).

SECRETARIO.—*(Entrando)* ¿Todo va bien, Santidad?, la Hermana Teresa ha salido precipitadamente, me pareció ver que lloraba, ¿ha ocurrido algo?, ¿ha hecho algo inconveniente?

PAPA.—No, no, no ha ocurrido nada, pero dígame, ¿usted lo sabía, Monseñor?

SECRETARIO.—¿Saber qué, Santidad?

PAPA.—El nombre completo de la Hermana Teresa.

SECRETARIO.—No, ¿por qué me lo pregunta, Santidad?

PAPA.—Teresa Anglada Pena

(El SECRETARIO reacciona con estupor. De inmediato, sus palabras surgen nerviosas).

SECRETARIO.—¿La monja del caso Salvino?

PAPA.—La misma.

SECRETARIO.—¡Dios mío, Santidad! De haberlo sabido...

PAPA.—No pasa nada, no es su responsabilidad. Puede retirarse. Gracias.

(El Secretario se retira con tono decaído, debe pensar que cómo se le ha podido escapar un detalle tan importante).

Visitante.—¿Lo ve, Santo Padre?

Papa.—¿Qué he de ver, Eduardo?

Visitante.—Sé que a vos os reconcome, como me corroe a mí. La hermana ha sufrido, no por causa de la Iglesia, una agresión abominable, más por haber sido cometida por un obispo, ¡un pastor! Pero después ha padecido una nueva crueldad, y esta sí es responsabilidad nuestra. Silencio, sensación de desamparo y de falta de justicia.

Papa.—No ahondes en la herida, Eduardo. No necesito explicarte las razones que nos han llevado a actuar como lo hemos hecho.

Visitante.—En eso tenéis razón, sería además inútil. De acuerdo, no miremos atrás, ¿pero no debería servir este ejemplo, como otros muchos, que también conocéis para decidiros a actuar?

Papa.—Créeme, ya actúo, pero...

Visitante.—¿Volveréis a esconderos detrás de vuestra soledad inmensa? Es el peaje del poder, la soledad. Podéis parar estas aberraciones. Mitigarlas al menos, el ejemplo puede ser disuasor si conlleva un mensaje claro. Los pecados se perdonan, los delitos, no. De estos hay que dar cuenta ante la justicia y no caben atajos.

Papa.—Ojalá fuese tan sencillo, Eduardo. ¿Crees que mi conciencia no me pide tal ejercicio justo?

Visitante.—¿Entonces...?

Papa.—Entonces volvemos a la cuestión central, no siempre puedo hacer aquello que creo lo más justo, sino lo más conveniente dentro de lo posible.

Visitante.—Pero vos sois el Papa, el jefe de esa Iglesia que me nombráis. ¿Cómo vais a dirigirla desde convicciones íntimas contrarias a vuestras propias acciones?

Papa.—Dime una cosa, ¿desde cuándo lo sabes?

Visitante.—¿Desde cuándo sé qué?

Papa.— Que Dios no existe.

Visitante.—Pero ¿qué decís, Santidad?

Papa.—Tranquilo, Eduardo, yo no soy un inquisidor, no vas a ser quemado en la hoguera por reconocer algo que, a estas alturas, debes tener más que claro. ¿Nunca te asaltaron las dudas? ¿Nunca tu intelecto, tu razón te ha dicho algo contrario a lo que venías creyendo? ¿Aceptaste sin más aquello de lo inescrutable de Su voluntad? ¿Ninguna hesitación te asaltó ante un mal incomprensible, ante un deseo irracionalmente reprimido? ¿Jamás? Has oído el relato de la Hermana Teresa, su petición de intervención divina cuando estaba siendo objeto de una vejación inimaginable.

VISITANTE.—Soy humano…

PAPA.—¡Vaya, en eso coincidimos! Sí, somos humanos, y por eso necesitamos a Dios.

VISITANTE.—Pero habéis afirmado que no existe.

PAPA.—Lo inexistente puede ser necesario. Y no me digas que contradigo a San Agustín. ¡Menuda novedad!

VISITANTE.—Me estáis poniendo a prueba, ¿verdad?

PAPA.—¿Con qué fin haríamos eso?

VISITANTE.—Está claro, para desacreditar cuanto defendemos. ¿Qué sentido tendría una *Nova Ecclesia* impulsada por ateos? Hasta a mí me suena hilarante.

PAPA.—No, no se trata de eso, aunque, bien pensado, no sería mala idea.

VISITANTE.—Ahora ya no sé si me probáis o simplemente os estáis burlando de mí.

PAPA.—Te diré algo. ¿Sabes, en un espectáculo de magia, quién conoce que aquello no es sino una sucesión de trucos? ¡Exacto! Quien más cerca está, porque lo protagoniza, es quien sabe la verdad. Nosotros estamos en el centro, tenemos toda la información, todo el conocimiento, ni siquiera hemos tenido que hacer el esfuerzo para ir a buscarla, la realidad ha venido a estrellarse, como hace un momento una vez más, en nuestra cara.

VISITANTE.—Si lo que me decís fuera cierto, y no solo una maniobra para enredarme, ¿cómo podríais permanecer en vuestro cargo un solo segundo más? Seríais…, sois, según vos mismo, la representación de una irrealidad en la tierra. Una enorme mentira, una enorme y cruel mentira.

PAPA.—Creo que no podría haberse definido mejor. «la representación de una irrealidad en la tierra». No es poca cosa.

VISITANTE.—¡Definitivamente, os burláis!

PAPA.—Piénsalo bien, Eduardo. Juguemos, por una vez, aquí en esta intimidad que nunca será revelada, a que ambos sabemos de su inexistencia.

VISITANTE.—Eso es una frivolidad.

PAPA.—¿Tú crees?, te demostraré que estás ante el momento más solemne que habrás de vivir en tu vida.

VISITANTE.—Vos mismo habéis afirmado que el ser humano necesita de Dios.

PAPA.—Nada te descubro, Eduardo, amigo mío, si afirmo que la muerte es la madre de Dios.

VISITANTE.—Me estáis asustando, Santo Padre.

PAPA.—¡Y dale con la santidad!

VISITANTE.—Disculpadme.

PAPA.—¡Bah! No importa..., centrémonos. El miedo a la muerte es lo que ha llevado a nuestra especie a imaginar seres superiores que nos crearon y a los que, de una forma u otra habremos de volver. No seré el primero en afirmar, y lo afirmo, que la humanidad aparece al tiempo que la noción de trascendencia. Lo que nos separa del resto de animales que pueblan este planeta no es el lenguaje, o la risa, o la capacidad de fabricar herramientas, lo que nos distingue es la creencia en una vida más allá de la quietud. Para eso hemos fabricado a Dios, para nuestra tranquilidad, para no caer en la locura inherente a un final cierto.

Hasta aquellos que se proclaman ateos, en algún momento de su existencia, más a menudo cuanto más cerca el final, sienten, aunque sea por un instante, que hay algo más, que su vida no puede acabar. No podemos concebir intelectualmente nuestra propia desaparición.

Visitante.—¿Cómo podéis convivir con tales ideas? No se puede fingir siempre; una vida no puede basarse en la falsedad absoluta.

Papa.—¿Esa es tu frontera?, ¿es ese el dique con el que contienes tus propias certezas? ¿Has logrado, tú sí, engañarte a ti mismo hasta ese punto?

Visitante.—Intuyo que ya sabéis la verdad.

Papa.—Y a ti, ¿tanto te cuesta verbalizarla?

Visitante.—Llevo demasiado tiempo apuntalando como para atreverme, así de golpe, a quitar los andamiajes y dejar los muros al descubierto. Solo vuestra revelación, si no esconde ninguna celada, puede desmantelar todo este entramado que me mantiene en escena aun en la soledad. Incluso ahora, en la desnudez absoluta, se me agarrotan las manos por el frío que me recorre, el terror se transforma en temblores que agitan mi cuerpo.

PAPA.—Entiendo cuanto describes mucho mejor de lo que puedas pensar. Dame la mano, reza conmigo, te aliviará.

VISITANTE.—¿Rezar, decís? ¿Al fin, pues, todo ha sido falacia?

PAPA.—Hemos dejado sentado por qué hombres y mujeres creen en Dios. Añadamos que, en buena medida, funciona. La esperanza sosiega. Y el rezo es la expresión máxima de esa esperanza. Nada perdemos por repetir unas letanías que son más que simples letras desde el momento en que los siglos le han dado el poder de conmover nuestras almas. Es además una forma de pedirnos perdón a nosotros mismos.

(El PAPA toma de la mano al VISITANTE, ambos se arrodillan y comienzan un rezo en voz algo más baja de lo habitual. Se atenúan las luces hasta producir una oscuridad casi completa, así se mantiene unos segundos, solo oímos lejana la retahíla de oraciones. Al cabo la luz retorna. Las figuras se incorporan. La luz plena les coge ya de pie. El PAPA cerca de su mesa, la mano apoyada en ella. El VISITANTE tras el respaldo de su silla. El PAPA toma asiento e invita al visitante a hacer lo mismo. Una vez ambos sentados, la conversación se reanuda).

Papa.—¿Mejor?

Visitante.—Sí, mejor.

Papa.—Volvamos, pues, a donde estábamos. Eliminar el celibato. ¿Qué crees que ocurriría si eliminamos la obligatoriedad del celibato? ¿Crees que eso acabaría con actuaciones como la de Salvino?

Visitante.—No, ese es un problema diferente. Eliminar el celibato dará normalidad a la Iglesia. Los curas casados, con su vida acorde a los principios cristianos, darán ejemplo a la comunidad. Entenderán mejor la sociedad en que viven y serán percibidos como parte de ella por un segmento más amplio que el de los propios creyentes.

Papa.—¿Y las mujeres?

Visitante.—Puede que requiera más tiempo, pero dé pasos hacia ese objetivo, permita que, bajo determinadas circunstancias, puedan administrar sacramentos, más allá de las excepciones actuales.

Papa.—Esa será tu tarea.

Visitante.—¿Qué queréis decir?

Papa.—Debes prepararte para sucederme.

VISITANTE.—¿De qué estáis hablando?

PAPA.—Me muero, Eduardo. No me queda mucho tiempo; algunos meses, no más. Necesito saber que dejo a la Iglesia en las manos adecuadas. Hay mucho que cambiar, bien lo sabes, y yo no...

VISITANTE.—No, no puede hacerme eso.

PAPA.—¿Qué?

VISITANTE.—Morirse. No puede morirse. ¿De qué está hablando?

PAPA.—Eduardo, amigo, tranquilízate. No pasa nada. Sabemos desde el primer día que este momento llega. Toca ahora.

VISITANTE.—Pero, Santidad, ¿estáis seguro? ¿Se ha confirmado el diagnóstico?

PAPA.—No querrás que te aburra con detalles. Lo cierto es que sí; como podrás imaginar, me atienden los mejores, con los mejores medios, pese a todo, el cáncer está demasiado extendido. No hay solución. Así que, dicho esto, volvamos a lo que nos ocupa.

VISITANTE.—¿Cómo podéis pensar en eso ahora?

Papa.—¿Qué quieres que haga? Es lo que me queda, la continuación de la obra que emprendí. Es sin duda lo más importante. Y tienes que ayudarme, amigo mío, tienes que ayudarme.

Visitante.—¡Santidad!, ¡parad! Yo no puedo ser Papa.

Papa.—¿No puedes?

Visitante.—No, no puedo, yo no sabría llevar esa carga.

Papa.—¿Me vas a decir, amigo mío, que después de publicar un documento como *Nova Ecclesia*, os falta valor para poner en práctica aquello que predicáis?

Visitante.—*(Con mirada de asombro y sorna, se toma unos segundos para contestar)* Sobre coherencia entre ideas y práctica podríamos hablar un buen rato.

Papa.—¡No! ¡Basta de discusión! Haré mi tarea, convenceré a una buena parte de la Curia de que eres el hombre adecuado para dirigir la Iglesia hacia un cambio sosegado, pero inexcusable. Procura mostrarte prudente, aun contra tu naturaleza, durante un tiempo, ya tendrás lugar después de desahogarte.

Visitante.—Estáis demasiado seguro de que aceptaré. Diría más, pareciera que ya hubiese aceptado. Os seguiré la corriente, pero permitidme una pregunta: ¿por qué yo, alguien tan contrario a vuestra aparente política?

Papa.—Vamos, Eduardo, no juegues conmigo. Me has entendido perfectamente. Escúchame. Nos veremos aquí en una semana, necesitaré que permanezcas en Roma algún tiempo. Ahora márchate, esta pelea contigo me ha agotado.

Visitante.—Os dejo, pensadlo bien, Santidad, no renegaría nunca de mis convicciones y las llevaré a la práctica, llegado el caso... Pero ¡¿qué estoy diciendo?! ¡Llegado el caso!

Papa.—No lo cuestiones más, Eduardo, la realidad no admite ya duda alguna. Y sí, lo que afirmas, eso es al fin lo que buscamos. Aunque antes de marcharte, óyeme, necesito que me hagas un favor.

Visitante.—Vos diréis; si está en mi mano...

Papa.—Dile a Paula que venga a verme.

Visitante.—¡Cómo no!, quedad con Dios, Santidad.

(El Visitante hace un gesto como el de acercarse a abrazar al amigo. El Papa, por el contrario, lo hace de despedida con la mano. No quiere mostrar debilidad.

*El V**ISITANTE***, *contrariado, consternado, se retira. El* *pontífice queda solo en escena, de espaldas, su figu-* *ra iluminada en tanto todo lo demás se oscurece. La* *postura cambiante, sin moverse del sitio nos muestra* *cómo le invade un extraordinario cansancio. Apoya su* *mano sobre el respaldo de una silla. Contraluz. Oscu-* *ro. Telón).*

FIN

Nos, que sabemos,
de JOSÉ MARTÍN GÓMEZ,
salió de la imprenta el
25 de junio de 2024